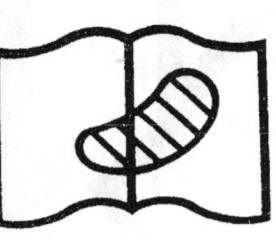

Illisibilité partielle

Contraste insuffisant
NF Z 43-120-14

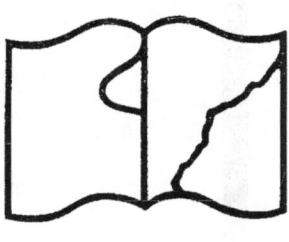

Texte détérioré
Marge(s) coupée(s)

Valable pour tout ou partie
du document reproduit

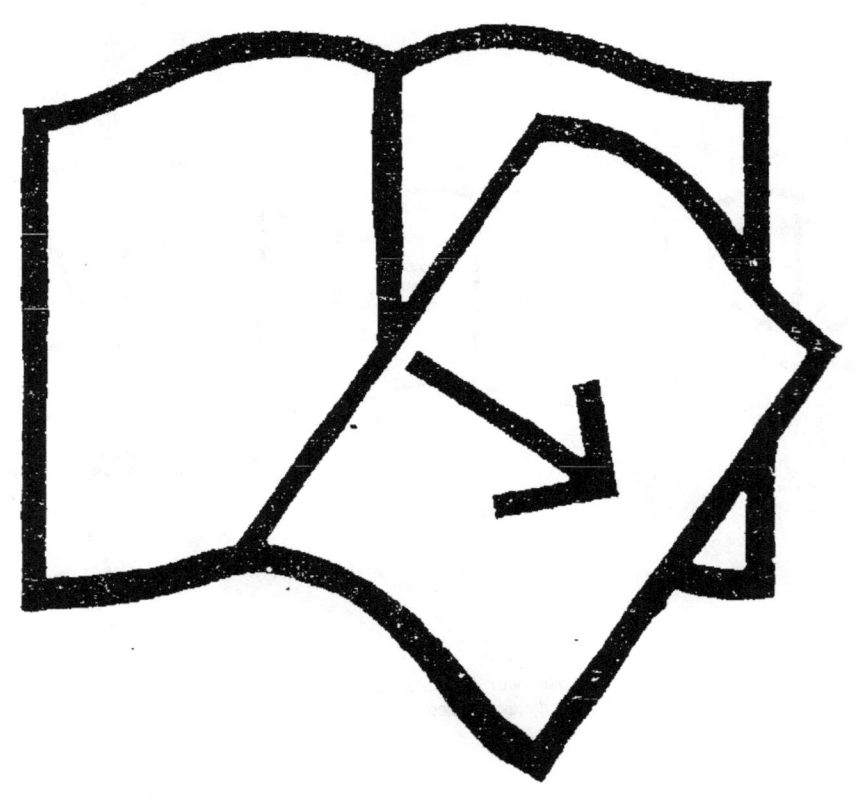

Couverture inférieure manquante

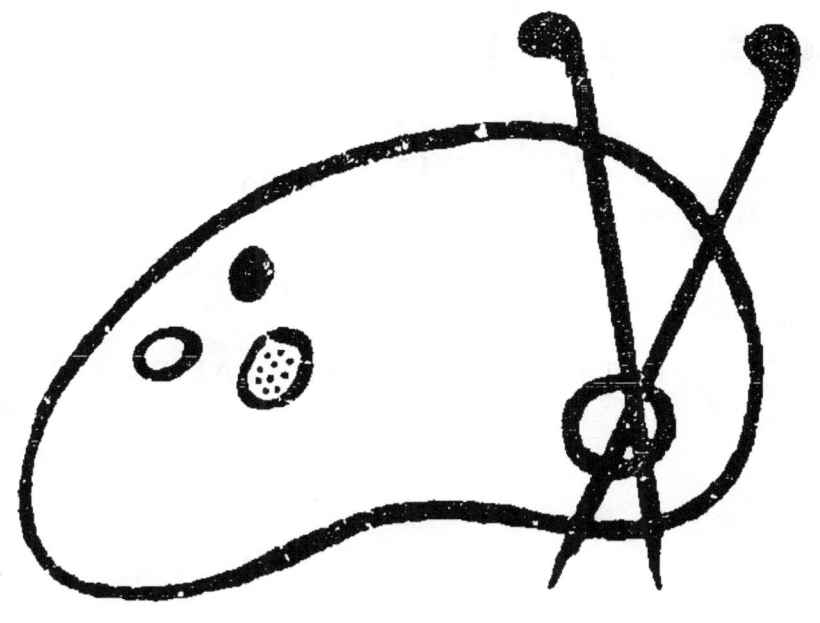

Original en couleur

NF Z 43-120-8

NOTICE

SUR

L'ATELIER MONÉTAIRE

DE ROMANS

PAR

LE DOCTEUR ULYSSE CHEVALIER

VALENCE
IMPRIMERIE DE JULES CÉAS ET FILS
—
1888

NOTICE

SUR

L'ATELIER MONÉTAIRE

DE ROMANS

PAR

LE DOCTEUR ULYSSE CHEVALIER

VALENCE
IMPRIMERIE DE JULES CÉAS ET FILS
1888

NOTICE
SUR
L'ATELIER MONÉTAIRE
DE
ROMANS (1)

Rodolphe III laissa après sa mort (1133) le royaume de Bourgogne, dont notre pays faisait partie, à l'empereur Conrad, duc de Franconie, qui avait épousé Gisèle, sa nièce.

Les grands et les prélats, qui n'avaient pas approuvé cette donation, profitèrent de la résidence de Conrad au-delà du Rhin et des grandes guerres qu'il soutenait

---

(1) CHORIER. — *Histoire de Dauphiné*. — *Passim*.
VALBONNAIS. — *Preuves de l'Histoire de Dauphiné*. — *Passim*.
DE SAULCY. — *Eléments de l'Histoire des ateliers monétaires du royaume de France*. — *Passim*.
MORIN-PONS. — *Numismatique féodale du Dauphiné*. — *Passim*.
DOCHIER. — *Mémoires sur la ville de Romans*, p. 142.
GIRAUD. — *Essai hist. sur la Ville de Romans*. T. II, p. 356.
ROGER VALLENTIN. — *Bulletin de la Soc. d'Archéol. de la Drôme*. T. XXI, p. 233.
Romans. — *Registres Consulaires*. — *Passim*.

contre les Sarrasins pour se soulever et se déclarer indépendants, sauf l'hommage, des empereurs d'Allemagne. Les plus puissants s'arrogèrent tous les droits de la Souveraineté, y compris celui de battre monnaie (1). Ce privilège prit bientôt une telle extension que Frédéric II, roi des Romains, dut par un diplôme du mois de juin 1219, l'interdire à tous ceux qui n'y étaient pas autorisés par des titres anciens. Le Dauphin Guigues l'avait été en 1053, par Frédéric Ier (2) lequel, en reconnaissance de nombreux services, lui avait concédé le droit de battre monnaie dans la ville de Sézanne. Les Dauphins donnèrent dans la suite de l'étendue à cette autorisation en établissant dans leurs états plusieurs autres ateliers où l'on fabriquait la monnaie dite *delphinale* (3).

Les archevêques de Vienne, comme Souverains de cette ville, possédaient déjà du vivant de Louis l'Aveugle (880-928), le droit de monnayage. Ils l'exercèrent sous Thibaud (952-1000), sous ses successeurs et sous Jean de Bernin (1218-1266), qui réglementa la fabrication de la monnaie archiépiscopale. De l'atelier de Vienne sortirent les pièces dites *Viennoises*, fort en usage dans le midi et qui valaient un cinquième de moins

---

(1) Dans le seul Dauphiné, on compta jusqu'à dix évêques ou seigneurs qui furent investis de ces prérogatives régaliennes.

(2) Ce même empereur donna aussi le droit de battre monnaie aux évêques de Valence : droit confirmé en 1238 par Frédéric II.

(3) Toutefois, la série de ces monnaies, aujourd'hui connues ne remonte pas au-delà de Jean II (1307-1319).

que la livre *tournois*. Après avoir joui d'une certaine activité, cet établissement n'eut pas une très longue durée, il prit fin au XIVe siècle, vers 1378.

L'Archevêque de Vienne, en sa qualité d'Abbé de Romans, pouvait aussi faire frapper monnaie dans cette dernière ville, mais il devait dans ce cas obtenir le consentement du Chapitre de Saint-Barnard et lui abandonner la dîme du seigneuriage (1).

Un établissement monétaire, soumis à de telles conditions, ne dut pas avoir une existence longue et prospère. Aussi sous le dauphin Guigues VIII, plusieurs des employés de l'atelier de Romans passèrent au service de ce prince. Le 7 février 1327, Humbert Clavel, chanoine de cette ville, devint garde des monnaies delphinales et eut pour aides Jacques de Die (2) et Jean Coyratier (3). Il reçut le compte à Grenoble de la fabrication confiée au Piémontais Bandarelli. On avait ouvré

---

(1) Le Chapitre de Saint-Barnard recevait non-seulement un dixième de la fabrication de la monnaie archiépiscopale, mais il avait encore le privilége de ne la prendre que pour un prix inférieur à celui fixé par les ordonnances.

La redevance de la dîme du seigneuriage a été soigneusement rappelée et conservée dans l'acte de pariage du 31 juillet 1344 entre Humbert II et le Pape, fait au sujet de la juridiction de la ville de Romans.

(2) Jacques André *alias* de Die, fut procureur des monnayeurs aux assemblées tenues à Romans en 1342 et 1370. Jean fut nommé changeur, en 1435, étant marchand.

(3) Jean Coyratier assista à plusieurs parlements généraux des monnayeurs. C'est dans sa maison, rue des *Chauchères*, que résida, en 1362, Raoul de Louppy, gouverneur du Dauphiné, pendant son séjour à Romans. Le Dauphin Humbert II avait logé dans la même maison le 29 août 1338.

5,375 marcs d'espèces blanches à Serves, 2,219 à Avizan et 2,292 à Grenoble.

Contrairement à ce que dit M. Dochier, nous ne croyons pas qu'il y ait eu dans notre ville, à aucune époque, un *hôtel des monnaies* proprement dit, c'est-à-dire un édifice public spécialement affecté à la fabrication des monnaies. Chaque maître particulier, nommé pour une période très variable, plaçait son atelier dans un local convenable possédé ou loué par lui et qui probablement, à cause des dépenses faites pour l'approprier à sa destination, était utilisé successivement par plusieurs directeurs (1).

Dès que Humbert II fut devenu maître de la ville de Romans, il ordonna par sa charte de 1342 que l'on ne pourrait plus se servir que de la monnaie delphinale. En conséquence, le 5 mars de cette année, il autorisa Duranton du Pont en société avec Pierre Fabre (2) et Sandre Dardayne (3) à frapper de la monnaie à Romans

---

(1) Le procès-verbal de la clôture de l'atelier monétaire de Romans constate que les instruments servant à la fabrication des monnaies se trouvaient dans la maison du garde Soffrey Coct. Au reste, l'outillage de cet établissement ne devait être ni compliqué ni encombrant, car, par lettre du 7 juin 1429, le gouverneur du Dauphiné autorisa le maître de la monnaie de Romans à transporter, à ses frais, le siège de sa fabrication à Saint-Marcellin ou à Saint-Antoine, pendant tout le temps que la peste régnerait à Romans.

(2) Pierre Fabre ou Lefebre était allié aux plus anciennes et aux meilleures familles de Romans. Le Dauphin Humbert II, dont il était un chaud partisan, lui avait donné, le 17 octobre 1318, la mistralie de Morestel et de Goncelin, qu'il transmit à Eustache Pinet.

(3) Lambert Dardayne fut procureur des monnayeurs à l'assemblée de 1355 et délégué à celle de 1358.

aux conditions stipulées par son ordonnance. Le 21 juin suivant Duranton du Pont rendit compte de ce qu'il avait fabriqué du 5 mars au 24 avril. Enfin, le gouverneur, au nom du Dauphin, régla par lettre du 29 octobre 1357, le poids et la loi des monnaies qui seraient frappées à Romans.

Cette ville devint bientôt un centre de fabrication assez important (1) pour être le siège de l'assemblée où devaient être rédigés et adoptés les statuts et règlements de la corporation des *monnoiers du Saint-Empire romain*. En effet, le 3 mai 1342, se tint à Romans, sous la présidence de Guillaume Vallet, prévôt général, un parlement des monnayeurs du serment de l'empire où se trouvèrent trente et un procureurs ou délégués des dix-

---

(1) Un personnel considérable appartenant presque entièrement à la bonne bourgeoisie, était attaché à cet établissement, lequel envoyait aux parlements généraux jusqu'à quarante-huit députés ayant à leur tête deux procureurs, savoir en 1423, à Tarascon : Franciscus Comitis et Johannes Gilerii, procuratores ; Petrus de Metz, Johannes de Metz, fratres, Johannes Carre, Robertus Coinde, Antonius Valenzonis, Stephanus de Vileta, Antonius Chaleti, Johannes Magistri, Antonius de Curiâ, Romanus Bareti, Petrus Lila, Bernardus Recoing, Claudius Prini, Gibelinus Revoyra, Humbertus Brossi, Romanus Volponis, Pononus Pipardi, Guiotus Guisays, Guillelmus Prœpositi, Romanus Sante, Johannes Hospitis, Franciscus Pausa, Guillardus Doane, Jacobus Sestoris de Cristâ, Bernardus Eyma aliàs Barnarbo, Henricus Plemma, Guillelmus de Ripperiâ, nobiles Antonius Coppe, Petrus Coppe, Johannes Chaberti, Johannes Grassi, Johannes Prini, Petrus Odoardi, Armanonus Breneti, Guillelmus Guttuerii, Jacquemonus Russoli, Johannes Bruneti, Nicolaus Andre, Ponsonus Gay, Johannes Gilerii, Lantelmonus Gavareti, Legerius Bareti, Jacquemonus Correardi, Johannes Dardayne, Petrus Columbi, Paulus Plumque, Johannes de Breno et Guillelmus Carioli aliàs Rana, omnes Operarii et monetarii de Romanis.

neuf ateliers suivants : de Nyons, Vienne, Chambéry, Crémieu, Pont-d'Ain, Avilanne, Romans, Troyes, Martineuf, Puey-Guyon, Orange, Terme, Avignon, La Tronche près Grenoble. On adopta dans cette assemblée les statuts de la corporation en quatre-vingt-quatorze articles. Indépendamment de ce parlement, six autres furent tenus dans la ville de Romans « en l'ostel des frères meneurs » (Cordeliers), dans le mois de mai 1355 (1), 1368, 1370, 1384, 1390 et 1397.

Adam de Sauze, notaire de Romans (2) fut chargé de faire une copie sur parchemin de l'ancien registre des douze premières délibérations des parlements généraux, lequel tombait en lambeaux. Ce travail fut adopté par l'assemblée tenue le 10 mai 1393 à Valence « en l'ostel des frères meneurs » sous la présidence de François de Porte Ayguère de la Cité d'Avignon, prévôt général de tous les ouvriers et monnoiers du serment de l'Empire. Lors de la suppression définitive de l'atelier monétaire de Romans, en 1556, ce dernier registre se trouvait entre les mains de François Delacour (3),

---

(1) Ce parlement ouvert le 5 mai ne s'est clos que le 12. En voici la formule finale : *Datum apud Romanis infra domum Fratrum minorum in nostro parlamento generali et sub nostro sigillo majori authentico impendenti in testimonium proemissorum. Die VIII mensis maii anno Dni MCCCLV.*

(2) Adam de Sauze, *de Salice*, notaire, figure sur une taille de 1393. Il assista, en qualité de secrétaire et de procureur à plusieurs parlements généraux jusqu'en 1407. Il mourut en 1414. Son frère Antoine avait été consul de la ville en 1367.

(3) François Delacour, dit *du Buis*. Il figura le personnage allégorique de *Dauphiné* lors de l'entrée du gouverneur à Romans le 27 novembre 1533.

alors prévôt des monnayeurs de cette ville. Après diverses vicissitudes, il a été acquis par la bibliothèque nationale où il existe sous le numéro 9070 du fonds latin. On y trouve la formule du serment que devaient prêter les monnayeurs : « Ils juraient et promettaient sur les saints « Evangiles de Dieu, d'être loyaux et fidèles à N. S. « Père le Pape, à l'empereur, au roi de France, au roi « de Jérusalem, de Sicile et d'Arles, au Dauphin de « Viennois, au comte de Savoie, et à tous les autres « princes et barons qui ont pouvoir de faire monnaie. »

Les monnayeurs du Serment de l'Empire formaient une corporation fermée, sorte de caste nobiliaire et héréditaire (1), dotée par les Empereurs, les Dauphins et les rois de France d'une foule de concessions, de privilèges et de l'exemption de toute espèce de service militaire et de corvée. Sauf les trois cas de meurtre, de rapt et d'incendie, ils n'avaient à répondre de leurs délits que devant leurs prévôts (2). Mais les maîtres et les

---

(1) Par une lettre adressée, le 9 octobre 1429, au gouverneur du Dauphiné, le Roi prescrivit que les ouvriers monnayeurs du Serment de France et de l'Empire auraient à prouver qu'ils descendaient des anciens membres de cette compagnie ; sinon ils seraient destitués.

(2) Cette corporation était comme une famille unie par des liens bienveillants que ne rompait pas même la cessation des fonctions. Ainsi, par ordre du gouverneur du Dauphiné, en date du 26 novembre 1421, Jean Gras, garde de la monnaie de Romans, fut, en raison de son grand âge et de l'affaiblissement de sa vue, exempté de tout service actif en conservant ses appointements ordinaires pendant le reste de ses jours. En outre, il pouvait, si bon lui semblait, aller et venir dans l'hôtel de la monnaie, y demeurer et assister à tout ce qui s'y ferait. Sa charge devait être, sur son consentement, remplie par Jean Chabert. Le dit Jean Gras mourut en septembre 1430.

officiers de la monnaie ne purent jamais obtenir l'exemption des tailles. Une lettre du mois d'août 1438 du gouverneur de la province ordonna que les monnayeurs de Romans payeraient la taille pour les réparations des murailles de la ville. Ils protestèrent ; mais le Dauphin les obligea aux contributions comme l'avait fait un arrêt du Conseil.

Précédemment Antoine (1) et Pierre Forest dit Coppe (2), fermiers de la monnaie de Romans, ayant voulu, à ce titre et comme sauve-garde, mettre sur la porte de leur hôtel les armes du Dauphin, le Chapitre de Saint-Barnard les fit enlever en vertu d'une ordonnance du Juge royal rendue le 25 mai 1425. Enfin par une sorte de transaction avec les Consuls, Pierre Odoard (3), maître de la monnaie, convint, le 11 juin

---

(1) Antoine Forest dit Coppe fut nommé gardien de la monnaie de Montélimar le 1er octobre 1438, et confirmé dans ce poste le 13 juin 1444. Lui et son frère Pierre furent reconnus nobles le 25 mars 1446 par le Dauphin Louis (XI). Il obtint des lettres pour payer les nombreuses dettes qu'il avait contractées, soit en cautionnant divers particuliers, soit par des pertes considérables. Il eut deux fils : Bernard et Louis qui se partagèrent avec Jacques, fils de Pierre, la seigneurie de la Jonchère.

(2) Pierre Forest dit Coppe, eut à peu près les mêmes destinées que le précédent.

(3) Le gouverneur et le Conseil delphinal inféodèrent à Pierre Odoard, le 13 août 1407, les mines de fer et de plomb dans le mandement d'Allevard. Les mêmes lui affermèrent, le 21 octobre 1422, pour le compte de son frère Jean, la monnaie de Crémieu. Il assista à plusieurs parlements généraux. Il avait été consul de Romans en 1364 et 1374. D'après Chorier et M. Rivoire de la Bâtie, il se serait ensuite rendu à Paris et serait devenu la souche des nobles familles de Hazé et de Boismillon.

1501, que les officiers monétaires paieraient à l'avenir, sous forme de patente, une taille de six florins d'or.

Le Dauphin affermait les ateliers monétaires de gré à gré ou après une enchère moyennant une remise sur chaque marc de métal ouvré. mais ces droits ont beaucoup varié, d'un sol dix deniers à dix sols pour un marc d'argent et d'un quart de denier pour un marc d'or, en outre, suivant le prix des métaux. Aussi le commerce de l'or et de l'argent était-il soumis à une réglementation sévère et la nomination des changeurs était-elle faite par l'autorité (1).

Cependant Humbert II, en 1348, avait pris à sa solde les officiers monétaires. La dépense s'éleva à 325 livres pour l'établissement de Romans où l'on n'avait ouvré qu'une quantité d'espèces qui avait mis le prince en perte. Aussi cette expérience ne se renouvela pas. A partir de cette époque, la monnaie de Romans fut ordinairement adjugée à la suite d'une enchère. Le 3 avril 1425, le gouverneur du Dauphiné informa les gardes de la maîtrise de cette ville que la dite monnaie étant vacante, les personnes qui voudraient soumissionner devaient comparaître à Grenoble devant le Conseil des finances.

Les Dauphins et les rois de France en nommant les maîtres de la monnaie de Romans stipulèrent quelquefois des obligations financières. Pierre et Antoine Fo-

---

(1) Le gouverneur du Dauphiné, par lettre du 25 octobre 1435, octroya à Jean André *alias* de Die et à Nicolas Gendion, marchands de Romans, la permission d'exercer le métier de changeurs.

rest, déjà nommés, obtinrent leur charge, le 12 mars 1422, à la condition de prêter au Dauphin, avant la fin du mois, 6,000 livres tournois, dont ils devaient se rembourser en prélevant le tiers du seigneuriage jusqu'à extinction de cette somme et des autres engagements dont le régent leur était redevable. Le 30 mai 1439, le roi accorda la moitié de tous les profits des monnaies de Crémieu, de Romans et de Montélimar, jusqu'à l'entier paiement de leur créance aux frères Jean (1) et Humbert Odoard (2) montant à 559 marcs d'argent.

Gilet Guerre fut autorisé à prélever jusqu'à concurrence de 200 écus d'or qui lui étaient dus la moitié des revenus de l'atelier monétaire de Romans et de ceux de l'établissement de Montélimar dont il était déjà maître particulier par lettres du Dauphin Louis (XI), données à Chalaire près Romans, le 28 septembre 1465. En 1480, le roi tint quitte Girard et Louis, enfants et héritiers de Gilet Guerre, de toutes les sommes dont ils pourraient être débiteurs, à raison de la gestion de leur père.

---

(1) Jean Odoard avait rendu de grands services à l'Etat en avançant des sommes considérables pour guerroyer contre les Anglais avec des gens d'armes entretenus à ses frais. Le roi, pour lui témoigner sa reconnaissance, lui afferma la monnaie de Crémieu pour le temps nécessaire à l'extinction de sa dette qui s'élevait à cent marcs d'argent. Plus tard, cette garantie s'étendit, comme il vient d'être dit, aux monnaies de Romans et de Montélimar.

(2) Humbert Odoard, quoique qualifié noble, fut condamné à payer la taille comme monnayeur. Il testa le 13 juin 1462 et fut enseveli dans l'église du couvent des Cordeliers auquel il avait légué une somme de 110 florins d'or pour la fondation d'une messe quotidienne. Sa veuve, Isabelle Mercier, se remaria avec Claude de Cuigné.

Outre l'atelier de Romans, le Dauphin Humbert II avait des établissements monétaires à Serves, Crémieu, La Tronche près Grenoble, Avizan. Ce dernier fut transféré, en 1345, à Mirabel et de ce lieu à Montélimar, en 1427. D'autres ateliers ont cependant fonctionné en Dauphiné, mais d'une manière irrégulière ou au moins éphémère pendant le XIVe siècle, savoir : à Rochegude, à Saint-Georges d'Esperanche, à la Côte-Saint-André et à Saint-Symphorien d'Ozon.

Le 7 février 1327, le dauphin Guigues VIII avait déclaré que pour son honneur et celui du Dauphiné, il convenait de procéder à la fabrication de florins d'or (1), de 65 au marc, c'est-à-dire de 3 grammes 41 cent. valant 11 fr. 35 c. (2). C'est la première monnaie d'or frappée en Dauphiné.

Pierre Fabre étant mort sans avoir soumis au souverain le compte final de son administration, ses petits-fils et héritiers, Rodolphe (3) et Ponçon de Che-

_____

(1) Le florin d'or fut émis pour la première fois à Florence en 1252. Dès sa création dans notre province sa valeur alla toujours en déclinant et tendit à passer pour une monnaie de compte. Dès 1425, il ne valait plus que 8 fr. 40 c. et variait du commencement à la fin de l'année de 12 à 14 gros. Puis il y avait le florin monnaie et le florin d'or, le florin au marc d'argent au nombre six, et le florin au marc d'or au nombre de quatre-vingt seize. Enfin au moment de disparaître au commencement du XVIe siècle, cette pièce de monnaie était tombée à 2 fr. 83 c.

(2) Dans l'estimation que nous faisons du florin, l'alliage est compris comme métal fin.

(3) Rodolphe ou Raoul de Chevrières, docteur ès-lois, nommé en 1340 l'un des six conseillers delphinaux. Il fut le principal rédacteur de la charte municipale que le Dauphin Humbert II accorda aux Ro-

vrières (1) étant devenus maîtres de la monnaie de Romans, furent par suite d'une transaction du 21 novembre 1360 déclarés débiteurs de 1400 florins. Mais le Dauphin leur fit remise de cette somme en reconnaissance des bons et loyaux services à lui rendus comme à ses prédécesseurs.

Les frères de Chevrières furent remplacés, en 1362, par Reynier Forest (2).

Par lettres du 21 novembre 1420, le gouverneur du Dauphiné valida l'acte par lequel Jean de Labarre, trésorier général (3), et Jean de Mareuil avaient adjugé la monnaie de Romans à Pierre Fattet (4), qui avait fait

---

manais le 17 février 1342. En 1360, il devint juge de la cour majeure du Viennois. L'année suivante, il accompagna le gouverneur Raoul de Louppy dans l'inspection qu'il fit dans les environs de Romans.

(1) En 1342, Ponçon de Chevrières fut envoyé à Avignon au sujet du différend qui existait entre le Dauphin et la ville de Romans. Le 13 juillet 1362, François de Beaumont l'établit châtelain de ses terres de Fiançayes et de Rioussset. Il albergea, au prix de sept florins et demi les châteaux de Pellafol et de Barbières. Il fut châtelain de Beaumont-Monteux, de 1389 à 1400.

(2) Reynier Forest dit Coppe était un personnage important et riche qui payait une taille élevée de 25 florins. Il était maître de la monnaie lorsqu'il partit de Romans, le 3 août 1362, avec Raoul de Louppy, gouverneur de Dauphiné, pour servir en qualité de payeur de l'armée, A son retour, il acheta, par acte du 12 juin 1367, du comte de Valentinois, le péage de Pisançon et de Charmagneux pour le prix de 350 florins, Après avoir été receveur de la ville, on utilisa son expérience en le chargeant de vérifier les comptes de ses successeurs.

(3) Jean de Labarre fut un des commissaires du roi pour l'aliénation des terres de la couronne en Dauphiné. A ce titre il figura dans l'acte de la vente, faite le 22 mai 1422, de la Seigneurie de Beaumont-Monteux.

(4) Pierre Fattet, marchand de Romans. On possède le registre de ses comptes de commerce très bien conservé et élégamment relié. Il

les offres les plus avantageuses. Ce dernier ayant accusé Pierre et Antoine Forest, ses prédécesseurs, d'être détenteurs de 800 marcs d'argent, il y eut un commencement de recherches, mais le régent par une ordonnance du 8 février 1421, annula l'enquête faite contre eux, au sujet de ce déficit.

L'atelier monétaire de Romans devint bientôt un centre considérable de fabrication. Les rois de France et les gouverneurs du Dauphiné envoyèrent souvent aux agents de cet établissement l'ordre de frapper des espèces d'or, d'argent et de billon très variées, mais toujours conformes aux types usités en France, d'où il résulta que les produits de ces ateliers circulaient dans le royaume avec facilité et en abondance. Au reste par une déclaration faite à Sainte-Colombe en juillet 1343, le roi avait autorisé la circulation en France de la monnaie delphinale.

Nous allons rapporter, ci-après, quelques-unes de ces commandes qui rappellent le rôle important départi à l'atelier de Romans.

Dans l'extrême détresse du trésor, le Dauphin régent afferma à Maret de Betons, habitant de la Rochelle, au prix de 2,160,000 livres tournois (12,700,000 fr.), du 1ᵉʳ novembre 1419 au 1ᵉʳ novembre 1420, toutes les monnaies demeurées sous son obéissance. Nous ignorons quelle influence eut pour l'établissement de Romans cette nou-

---

est écrit en français de l'époque d'un côté et en latin de l'autre. Son fils Jean Fattet, notaire et secrétaire du chapitre, libella et écrivit les statuts de l'église en 1445.

velle et étrange administration, qui n'eut du reste qu'une très courte durée.

En 1422, la monnaie de Romans fut chargée de fabriquer des espèces pour une somme équivalente à 3,335 ducats destinés au remboursement des 40,000 écus (440,000 fr.) que Louis de Poitiers, seigneur de Saint-Vallier, avait prêtés au Dauphin.

Les patrons faits, en 1420, par Jacques Vincent (1), « n'ayant semblés pas plaisants » aux trésoriers de Grenoble, furent renvoyés aux maîtres et gardes de la monnaie de Romans avec l'indication des modifications à y apporter, entre autre celle de faire figurer un seul Dauphin avec une fleur de lis au-dessus de la tête (2).

Le 4 novembre 1423, ordre du gouverneur au maître et aux ouvriers de la monnaie de Romans de frapper des deniers d'or fin appelés *Francs à cheval*, de 80 au marc de Paris (3).

---

(1) C'était le plus célèbre des tailleurs delphinaux. Il était graveur en titre de plusieurs ateliers monétaires. Il fut victime d'un quiproquo assez « plaisant. » Par lettres du 14 septembre 1429, le gouverneur conféra à Antoine Loup de Lyon la charge de tailleur des monnaies de Romans et de Mirabel « vacant par le décès de Jacques Vincent. » Ce dernier, qui était plein de vie, protesta vivement et fut peu après rétabli dans son emploi. Il eut pour successeurs : Guillaume Fordion en 1432, Pierre Bon en 1433, Humbert Odoard en 1440, Jacques de Pommereux en 1450, François Maréchal en 1453, Barthélemy Aubert en 1460, etc. Les gages étaient de 25 livres tournois pour chaque atelier, plus les droits accoutumés.

(2) L'usage de reproduire le blason delphinal sur les monnaies se perpétua en Dauphiné et ne fut abandonné que sous Louis XIV.

(3) Le marc de Paris pesait 244 grammes 753 et celui de Grenoble un peu moins, 237 grammes 104. En sorte que la pièce d'or fin de 80 au marc valait intrinsèquement 10 francs 096, en monnaie actuelle.

Le 11 avril 1428, ordre du gouverneur de faire ouvrer des écus d'or de 72 1/2 au marc (11 fr. 14 c.)

Le 28 mai suivant, ordre de fabriquer des florins d'or fin de 80 au marc (10 fr 096).

Le 28 avril 1429, ordre du roi de faire frapper à Romans des écus d'or pareils de titre et de poids à ceux qu'on fabriquait en Languedoc, lesquels étaient de 72 au marc (11 fr. 22).

Le 9 mars 1435, ordre de faire ouvrer des deniers d'or fin appelés *Réaux*, de 76 au marc (10 fr. 63). Le marc d'or devait être payé 77 livres 10 sols tournois et le marc d'argent 7 livres.

Le 16 mai suivant, le gouverneur adjugea à noble Pierre Forest, maître de la monnaie de Romans, et à Gilet Guerre de Beaumont en Royans, la commande des écus d'or et des grands blancs que les ateliers delphinaux devaient ouvrer, d'après l'ordonnance du 28 janvier précédent.

Le 21 mars 1444, injonction de cesser toute fabrication de liards et de les remplacer par des petits blancs.

Le 27 novembre 1447, lettres du gouverneur aux gardes et maîtres particuliers de la monnaie de Romans pour leur prescrire de faire ouvrer des écus d'or, des blancs et des petits blancs, et de différer provisoirement la fabrication des gros tournois.

Le 11 avril 1448, ordre de frapper des écus d'or aux armes delphinales de 72 1/2 au marc (11 fr. 14), et des demi écus ayant cours, de 141 au marc (5 fr.), etc., etc.

Le règne de François Ier fut l'époque la plus brillante et la plus prospère de l'atelier monétaire de Romans. Il sortit de cet établissement une grande quantité d'espèces principalement des écus d'or *au soleil* et des testons d'argent (1) et même un certain nombre de médailles historiques en l'un et l'autre métal. Elles étaient parfaitement gravées aux armes de François Ier et des membres de sa famille, avec leur inscription spéciale et personnelle (2). Elles furent offertes, de 1533 à 1537, au roi, à la reine, au dauphin, duc de Normandie, au comte de Saint-Pol, gouverneur du Dauphiné, et aux grands personnages de leur suite (3). Rappelons à ce sujet, que déjà pendant leur séjour à Romans, du 27 juin au 1er juillet 1511, Le roi Louis XII et la reine sa femme reçurent chacun un cadeau consistant en une tasse d'argent doré qui contenait dix pièces d'or aux armes de ces personnes royales et de la ville de Romans, où elles avaient été fabriquées.

Le point secret ou *différent* des monnaies ouvrées dans l'atelier de Romans consistait en un point mis au-des-

---

(1) Du 26 janvier 1522 au 9 mars 1523, on frappa 2,800 écus d'or au *soleil*, et du 20 juillet au 24 décembre 1523 11,401 pièces semblables, parmi lesquelles 216 furent cisaillées comme trop faibles.

(2) Ces pièces métalliques sont estimées, valeur intrinsèque : celles en or à 46 fr, 73 c., celles en argent à 8 fr. 32 c.

(3) M. Gustave Vallier, l'éminent numismate, a donné la reproduction et la description de cinq médailles de François Ier frappées à Romans, qui figurent à un rang honorable dans les médaillers de M. Giraud, de la Bibliothèque nationale, de Stuttgard et de Munich. (*Bull. de la Société d'Archéologie de la Drôme.* T. VIII, p. 209 et 257). Le soin de graver les coins de ces pièces avait été confié au peintre François Thévenin. (*Archives de la Drôme*, E. 3591).

sous de la deuxième lettre de la légende (1), suivi quelquefois d'un R couronné (médailles de François Ier de 1533 et de 1537). En outre, fréquemment les maîtres particuliers plaçaient sur les pièces qu'ils émettaient l'initiale de leur prénom à la fin de l'exergue, ainsi Jacques Gentet mettait un I, Gérard Chastain (2) un G, (*après la lettre R couronnée*), Louis Prost un L et un P entrelacés, etc.

Le 9 septembre 1406, les gens des Comptes, le général maître des monnaies et le trésorier général du Dauphiné écrivirent aux officiers de la monnaie de Romans pour leur ordonner de faire casser et rompre tous les fers des écus d'or et des grands blancs et de les remplacer par des nouveaux qui porteraient des changements dans les différents, c'est-à-dire un point dans le P de XPS et dans l'O de NOMEN des pièces d'argent.

Le 16 novembre 1422, le gouverneur prescrivit à Jacques Vincent, graveur de la monnaie de Romans, de modifier les *contresignaux* des pièces d'or et de billon en mettant une croix sous la vingtième lettre de l'avers et du revers des pièces d'or et sous la dix-septième des blancs appelés *parpeillhioles*.

---

(1) Le point secret était placé sous la 1re lettre de la légende à Crémieu, sous la 2e à Romans, la 3e à Mirabel puis à Grenoble, la 4e à Montpellier, la 5e à Toulouse, la 6e à Tours, la 7e à Angers, la 8e à Poitiers, la 9e à Larochette, la 10e à Limoges, la 12e à Lyon, etc.

(2) Gérard Chastaing, qualifié noble, fut nommé par le roi le 26 novembre 1498, courrier de Romans. Il testa le 25 novembre 1525 en faveur de son fils aîné Humbert qu'il avait eu de sa femme Ennemonde Bermont.

Voici la description d'une pièce de monnaie sortie de l'atelier de Romans, sous le roi Charles VIII. A. l'écusson écartelé de France et de Dauphiné : KAROLVS ✤ ✤ DALFINVS ✤ VIANENSIS ✤ Point secret sous la deuxième lettre de KAROLVS : cœur sous la croisette placée au commencement de la légende. R. croix pattée cantonnée d'une fleur de lis et d'un dauphin. +SIT ✤ NOMEN ✤ DOMINI ✤ BENEDICTVM ✤ (1).

Vers le XIVe siècle, l'autorité royale exerçait une surveillance sur tous les ateliers monétaires du royaume et un contrôle sur les espèces qu'on y fabriquait, lesquelles devaient être conformes aux ordonnances par le titre et par le poids.

Au mois de juillet 1385, Jean de Mareuil, clerc du receveur général du Dauphiné, porta à Paris les *boîtes* des monnaies ouvrées à l'atelier de Romans (2) par Simonet Forest, maître particulier (3).

Le 4 janvier 1422, les généraux maîtres des monnaies ordonnèrent aux gardes de l'atelier de Romans de clouer toutes les boîtes dudit établissement et de les envoyer, closes et scellées par un messager sûr et de faire dorénavant des deniers d'or fin, appelés écus à la *Couronne*,

---

(1) M. J. Roman a donné (*Bull.* T. III, p. 379) la description de deux pièces de monnaie frappées à Romans sous les Dauphins Louis Ier (1409-1415) et Louis II (1440-1456).

(2) Ces boîtes contenaient 36 francs d'or, 12 deniers tournois d'argent, 11 sols 4 deniers de gros, 5 sols 1 denier de blancs.

(3) Simonet Forest dit Coppé fut au nombre des drapiers qui signèrent le règlement concernant l'industrie de la draperie dans la ville de Romans, le 15 mai 1355. Il fut consul en 1369 et en 1381.

de 64 au marc (12 fr. 60), dont le différent consisterait à faire long l'O de KAROLVS.

Les boîtes de l'ouvrage fait étaient jugées et contrôlées par les maîtres généraux des monnaies du roi (1), après quoi, elles étaient rendues à ceux qui les avaient apportées. Plus tard, par ordonnance du 17 mai 1427, il fut stipulé qu'après leur jugement, les deniers de ces boîtes resteraient acquis à la couronne.

Par suite d'une constante tendance à la centralisation, les rois de France voyaient d'un mauvais œil le grand nombre des établissements monétaires qui existaient dans les provinces. Ils les attaquèrent plus ou moins directement et en supprimèrent quelques-uns sous prétexte qu'ils répandaient dans le public des pièces défectueuses et de mauvais aloi, quoique cependant, comme on vient de le voir, leur monayage fut tout à fait sous la surveillance des maîtres généraux de Paris : il y eut même à ce sujet, une transaction le 31 octobre 1481.

Sous l'influence de l'avertissement contenu dans l'ordonnance du mois de février 1435, la ville de Romans décida, le 16 mars 1508, d'envoyer, à ses frais, un député aux états de la province afin d'obtenir que l'atelier monétaire de cette ville ne soit pas supprimé : « pour ce « que la monnaye est un des spéciaux de la dite ville et « chose moult honorable et profictable pour icelle. » En outre, par délibération de l'assemblée générale du

---

(4) Par l'ordonnance de 1412 « les maistres de Romans servaient « chascun an à chascun des maistres généraux six peaux de chamois. »

13 février 1510, Humbert Odoard (1), consul, fut envoyé à Paris pour obtenir la conservation à Romans de son établissement monétaire qu'il était question de supprimer. Il le fut, en effet un moment, mais presque aussitôt rétabli le 2 janvier 1522, pour une période décennale, après laquelle Durand Milhard (2), ayant été envoyé à la cour pour les mêmes motifs de conservation, les généraux maîtres émirent l'avis qu'un seul établissement monétaire était suffisant en Dauphiné. Néanmoins, le 2 janvier 1540, Louis Prost reprit ses fonctions de maître particulier, aux quelles il avait été nommé le 20 novembre 1539. Enfin par un édit de mai 1554, Henri II supprima définitivement l'atelier monétaire de Romans. Le 12 avril 1556, les commissaires royaux vinrent dans cette ville et y procédèrent à la clôture de l'établissement, en présence du juge royal et des consuls, de Sofirey Coct, garde, de Jean Chabert, essayeur, et de François Delacour, prévôt. Ils ordonnèrent aux consuls de briser les instruments servant au monnayage et de veiller à ce qu'à l'avenir, il ne se fabriquât plus à Romans ni pièces d'or, ni pièces d'argent, ni pièces de billon.

---

(1) Humbert Odoard, qualifié noble, fut plusieurs fois consul, châtelain de Pisançon, capitaine de 50 arbalétriers, président de l'abbaye de Bongouvert et de celle des marchands. Il joua le rôle de *gouverneur de Rome* dans la représentation du Mystère des trois Doms. Il eut d'Anceline Combe, qu'il avait épousée le 26 janvier 1490, deux fils et une fille.

(2) Durand Milhard fut député vers le roi, le 20 avril 1580, pour obtenir quelque soulagement aux nombreuses charges qui pesaient sur la ville de Romans. Il avait été capitaine et commissaire pour la réception de François Ier.

En 1558, on fit un inventaire des meubles et des ustensiles trouvés dans la maison de l'ancien garde Soffrey Coct. Il y est mentionné seulement plusieurs trébuchets, des cisailles, des casses à recuire, des marteaux, etc.

Le 9 juin 1562, Odde de Triors (1) se présenta, de la part du baron des Adrets, pour faire convertir en espèces deux cent trente et un marcs d'argent en vingt lingots, provenant des reliquaires de Saint-Antoine et de Saint-Marcellin. Les consuls répondirent que l'atelier monéiaire avait été supprimé par ordre du roi, que les fourneaux avaient été démolis et que les matrices étaient impropres au service.

C'est la dernière fois qu'on trouve mentionné dans les registres officiels, après 212 ans d'existence, l'atelier monétaire de Romans.

Néanmoins, quoique prévue depuis longtemps, la suppression de cet établissement mécontenta beaucoup les Romanais qui le regardaient comme une chose très honorable et profitable pour leur ville. Aussi, d'après une tradition, c'est par suite de ce souvenir et de ces regrets ou amour du métier, que des anciens monnayeurs fabriquèrent à Romans, clandestinement et de loin en loin, des pièces de monnaies, bonnes ou mauvaises, ce qu'on ignore, car elles sont introuvables ou peut-être impossibles à distinguer. Enfin, presque de nos jours,

---

(1) Ennemond Odde, seigneur de Triors, fut nommé le 1er mars 1562, commandant de la ville de Romans par les consuls avec l'agrément du baron des Adrets et l'approbation du parlement. Il testa le 15 avril 1579 ayant eu dix enfants de Clauda de Lassalle.

sous la première république, dans la rue du Mouton, et sous Louis-Philippe, dans la rue Saunerie, des *industriels* fondirent simplement des gros sous — on fait ce qu'on peut, — lesquels, malgré leur fabrication aussi grossière qu'illicite, circulèrent publiquement, sous le nom de *sous de Romans :* dernier et peu flatteur spécimen du monnayage dans notre ville.

LISTE
des Maitres particuliers de l'Atelier monétaire
DE ROMANS

Durand du Pont et Pierre Fabre. Le 5 mars 1342.
Pierre Fabre et Lappo. Le 2 août 1344.
Rodolphe et Ponçon de Chevrières. En 1360.
Reynier Forest dit Coppe. En 1362.
Jean de Lay, prévôt général. En 1368, 1370 et 1386.
Simonet Forest dit Coppe. Le 12 juillet 1370.
Jean Forest dit Coppe. En 1384.
Humbert Odoard. En 1385.
Adam de Sauze, secrétaire général de 1392 à 1407.
Jean de Gillier. Le 12 juin 1417.
Antoine Delacour. En 1420.
Pierre Fattet. Le 3 septembre 1420.
Pierre et Antoine Forest. Le 12 mars 1422.
Pierre Forest. Le 21 novembre 1429.
Pierre Fabre. Le 5 mai 1442.
Pierre de Pluys. En 1443.
Gilet Guerre. Le 24 septembre 1445.

Pierre Russol. Le 25 octobre 1450.
Gilet Guerre. Le 29 septembre 1455.
Girard et Louis Guerre. En 1486.
Durand Delacour. En 1489.
Girard Chastaing. En 1493.
Pierre Odoard. En 1501.
Jacques Gentet. Le 3 novembre 1522.
Pierre Carme dit Augustin. Le 1er mai 1526.
Louis Prost. Le 20 novembre 1537.
Claude Mosnier de Rochechinard. En 1540.
François Delacour, prévôt. En 1554.

LISTE

*des Parlemements généraux du Serment de l'Empire
et des Procureurs des Monnayeurs de Romans
qui y ont assisté.*

---

5 mai 1342,	à Romans.	Martin Bourel.
5 — 1355,	au même lieu.	Ponce Andrée aliàs de Dye et Pierre Gavaret.
4 — 1358,	à Vienne.	Lambert Dardayne.
4 — 1368,	à Romans.	Guillaume Maréchal et Pierre Gavaret.
4 — 1374,	à Valence.	Guillaume Maréchal.
6 — 1377,	au même lieu.	Jean de Lay.
4 — 1384,	à Romans.	Jean Bardel.
3 — 1386,	à Valence.	Jean de Lay.
6 — 1388,	au même lieu.	Adam de Sauze.
3 — 1390,	à Romans.	Le même.

10 —	1392, à Valence.	Guillaume Maréchal.
4 —	1394, au même lieu.	Jean Forest.
4 —	1397, à Romans.	Le même.
4 —	1404, à Vienne.	Le même.
4 —	1408, à Valence.	Le même.
4 —	1411, à Avignon.	Pierre de Metz.
4 —	1414, à Valence.	Pierre Forest.
4 —	1420, à Chambéry.	Guillaume Gutuyer.
4 —	1423, à Tarascon.	François Comte et Jean de Gillier.
6 —	1429, à St-Marcellin.	François Comte.
» —	1432, à Valence.	Guillaume Gutuyer et Claude Perrin.
» —	1435, à Montélimar.	Jacquemon Russol.
» —	1439, à Avignon.	Le même.
» —	1469, à Bourg.	Pierre Guyot.
« —	1473, à Lyon.	Le même.
» —	1481, à Montpellier.	Jean Gavaret.
» —	1485, à Orange.	Arnaud L'Hoste.
» —	1489, à Avignon.	Philippe Molaris.
» —	1493, au même lieu.	François Firmin.

www.ingramcontent.com/pod-product-compliance
Lightning Source LLC
Chambersburg PA
CBHW060633050426
42451CB00012B/2576